Bienvenidas

¡Estoy tan contenta de que estés aquí! Antes de comenzar esta nueva sesión, quiero tomarme un tiempo para decirte que hemos orado por TI. No es una coincidencia que estés haciendo este estudio bíblico en línea.

Mi oración para ti esta temporada es sencilla: que puedas crecer y acercarte más al Señor mientras profundizas en Su Palabra cada día. Al desarrollar la disciplina de estar en la Palabra de Dios todos los días, oro para que puedas enamorarte de El cada vez más mientras pasas tiempo leyendo Su Palabra.

Cada día antes de leer el/los pasaje(s) asignado(s) ora y pídele a Dios que te ayude a comprenderla. Invítale a hablar a tu corazón a través de Su Palabra. Y entonces, escucha. Su parte es hablarte a ti **y la tuya es escuchar y obedecer.**

Tómate tiempo para leer los versículos una y otra vez. Proverbios nos dice que *si buscamos encontraremos.*

> *"Si como a la plata la buscares, Y la escudriñares como a tesoros, entonces entenderás."*

Recuerda también los diferentes materiales y recursos que tenemos para ayudarte con nuestro estudio bíblico:
- Guía de estudio de Creciendo a través de la oración
- Plan de Lectura
- Artículos semanales (Lunes, Miércoles y Viernes)
- Versículos semanales para memorizar
- Videos y desafíos semanales los lunes
- Guía de lectura y actividades para niños
- Comunidad en línea: Facebook, Pinterest, Instagram, AmaaDiosGrandemente.com

Todas aquí en Ama a Dios Grandemente no podemos esperar a comenzar y espero verte en la línea de llegada. **Resiste, persevera, sigue y no te rindas.** Terminemos bien lo que estamos comenzando hoy. Yo estaré aquí a cada paso del camino animándote. **Estamos juntas en esto – luchando para levantarnos temprano, sentarnos a solas y tomar un gran vaso del agua viva de Dios.** No puedo esperar a ver lo que Dios tiene para nosotras en esta sesión.

Acompáñanos mientras aprendemos a **Amar a Dios Grandemente** con nuestras vidas.

Contenidos

Nuestra Comunidad

Ama a Dios Grandemente está formado por una Hermosa variedad de mujeres que usan plataformas tecnológicas para estudiar juntas la Palabra de Dios.

Comenzamos con un simple plan de lectura bíblica, pero no termina ahí.

Algunas de nuestras mujeres se reúnen en hogares o en sus iglesias mientras otras se conectan en línea con mujeres de todas partes del globo. Sea cual sea el método, nos unimos con un propósito...

Amar a Dios Grandemente con nuestras vidas.

En nuestro mundo tecnológico sería fácil estudiar la Palabra de Dios solas sin apoyo ni ánimo de otros, pero no es esa la intención de nuestro ministerio. Dios nos creó para vivir en comunidad con Él y con las personas a nuestro alrededor.

Nos necesitamos unas a otras y vivimos mejor juntas.

A causa de esto, ¿considerarías hacer este estudio con alguien más?

Todas tenemos mujeres en nuestra vida que necesitan amistad, comunión y que tienen el deseo de sumergirse en la Palabra de Dios en un nivel más profundo. Ten la seguridad de que estaremos estudiando junto a ti, aprendiendo contigo, animándote, disfrutando de nuestra relación y sonriendo de oreja a oreja mientras vemos a Dios unir mujeres – conectando de manera intencional corazones y mentes para su gloria.

Esto nos da la oportunidad no solo de crecer y acercarnos a Dios a través del estudio, sino de acercarnos también unas a otras.

Así que este es el desafío: llama a tu madre, a tu hermana, a tu abuela, a la chica al frente de la calle o a tu amiga de la universidad al otro lado del país. Junta un grupo de mujeres de tu iglesia o del trabajo o reúnete con algunas amigas en un café. Utiliza la belleza de conectarse en línea y aprovecha las oportunidades que tengas para encontrarte con otras en persona.

Brazo con brazo y mano con mano,
hagamos esto....juntas.

Método de Estudio

Estamos orgullosas de ti.

De *verdad* lo estamos...queremos que lo sepas.

Estamos orgullosas de que hayas hecho el compromiso de estudiar la Palabra de Dios... de leerla cada día y aplicarla en tu vida...esa preciosa vida que nuestro Señor te ha dado.

Cada sesión, hacemos una guía de estudio que acompaña a los versículos que estamos estudiando, lo que nos ayuda a interactuar con la Palabra de Dios y aprender a profundizar...deteniéndonos para en verdad leer lo que Dios te está diciendo día a día.

Antes de comenzar, quiero tomarme el tiempo para explicar nuestro método de estudio en Ama a Dios Grandemente y por qué lo utilizamos en nuestro devocional.

¿Por qué nuestro método?

Una cosa es hacer una lectura simple de la Biblia, pero cuando interactúas con ella, cuando aprendes a disminuir el ritmo y leerla realmente, de repente las palabras parecen saltar de la página. Haciendo eso, tenemos la oportunidad de profundizar en la Palabra y "ver" más de lo que una simple lectura superficial de los versículos nos permitiría hacer. Permíteme animarte a tomarte el tiempo de estudiar los versículos diarios con este método y ver por ti misma cuánto sacas de tu lectura diaria... ¡te vas a sorprender!

¿Qué método utilizamos?

1- Escribe el pasaje del día – Te sorprenderá cuánto te habla Dios a través de Su Palabra solamente con tomarte el tiempo de escribirlos

2- Escribe 1 ó 2 observaciones del pasaje. - ¿Qué ves en los versículos que estás estudiando? ¿A quiénes se dirigen? ¿Hay repeticiones de palabras? ¿Qué palabras te llaman la atención?

3- Escribe 1 ó 2 aplicaciones de pasaje – Este es el momento en el que la Palabra de Dios se vuelve personal ¿Qué me está diciendo Dios hoy? ¿Cómo puedo aplicar la lectura a mi vida personal? ¿Qué cambios debo hacer? ¿Hay alguna acción que debo tomar?

4- Ora sobre lo que has aprendido en el pasaje de hoy – Ora la Palabra de Dios. Si te ha revelado algo durante este tiempo en Su Palabra, ora por ello. Confiesa algún pecado que haya en tu vida si así te lo muestra.

¿Cómo hago yo mi devocional? Te dejo un ejemplo...

Lee Colosenses 1:5-8

1- a causa de la esperanza que os está guardada en los cielos, de la cual ya habéis oído por la palabra verdadera del evangelio, que ha llegado hasta vosotros, así como a todo el mundo, y lleva fruto y crece también en vosotros, desde el día que oísteis y conocisteis la gracia de Dios en verdad, como lo habéis aprendido de Epafras, nuestro consiervo amado, que es un fiel ministro de Cristo para vosotros, quien también nos ha declarado vuestro amor en el Espíritu.

2- (Muchas veces sólo anoto lo que voy viendo en la lectura)
- Cuando la fe y el amor se combinan, tienes esperanza
- Debemos recordar que nuestra esperanza está en el cielo
- El Evangelio es la Palabra de verdad
- El Evangelio está continuamente llevando fruto y creciendo desde el primer día hasta el último.
- Sólo hace falta una persona para cambiar toda una comunidad... Epafras

3- Algo que me llamó la atención hoy fue cómo Dios utilizó a un hombre, Epafras, para cambiar toda una ciudad. Me recordó que simplemente somos llamadas a hablar a otros de Cristo. Es tarea de Dios el expandir el evangelio... hacer que crezca y que lleve fruto. Sentí que los versículos de hoy estaban dirigidos directamente a ADG..." a todo el mundo, y lleva fruto y crece también en vosotros, desde el día que oísteis y conocisteis la gracia de Dios en verdad." Es genial ver cómo Dios se vuelve tan personal y te habla directamente donde tú estás.

4- Querido Dios, por favor ayúdame a ser una "Epafras", a hablar a otros sobre ti y a dejar los resultados en tus manos amorosas. Por favor ayúdame comprender y a aplicar lo que he leído hoy a mi vida personal para poder ser más como Tú cada día. Ayúdame a vivir una vida que lleve frutos de fe y amor...anclando mi esperanza en el cielo, no aquí en la tierra. Ayúdame a recordad que lo mejor está por llegar.

Los ingredientes más importantes para estudiar la Biblia con este método son tu interacción con la Palabra de Dios y la aplicación de Su Palabra a tu vida.

Bienaventurado el varón que *"en la ley de Jehová está su delicia, Y en su ley medita de día y de noche Será como árbol plantado junto a corrientes de aguas, Que da su fruto en su tiempo, Y su hoja no cae; Y todo lo que hace, prosperará."* – Salmo 1:2-3

Plan de Lectura

		Lectura	Devocional
SEMANA 1	Lunes	Eclesiastés 1:1-6	Eclesiastés 1:1-2
	Martes	Eclesiastés 1:7-11	Eclesiastés 1:9-10
	Miércoles	Eclesiastés 1:12-18	Eclesiastés 1:17-18
	Jueves	Eclesiastés 2:1-8	Eclesiastés 2:1-2
	Viernes	Eclesiastés 2:9-11	Eclesiastés 2:11
	Día de respuesta		
SEMANA 2	Lunes	Eclesiastés 2:12-17	Eclesiastés 2:12-13
	Martes	Eclesiastés 2:18-19	Eclesiastés 2:18-19
	Miércoles	Eclesiastés 2: 20-23	Eclesiastés 2:20-21
	Jueves	Eclesiastés 2:24-26	Eclesiastés 2:24-25
	Viernes	Eclesiastés 3:1-8	Eclesiastés 3:1
	Día de respuesta		
SEMANA 3	Lunes	Eclesiastés 3:9-15	Eclesiastés 3:14-15
	Martes	Eclesiastés 3:16-22	Eclesiastés 3:16-17
	Miércoles	Eclesiastés 4:1-6	Eclesiastés 4:6
	Jueves	Eclesiastés 4:7-12	Eclesiastés 4:9-10
	Viernes	Eclesiastés 4:13-16	Eclesiastés 4:13
	Día de respuesta		
SEMANA 4	Lunes	Eclesiastés 5:1-7	Eclesiastés 5:4-5
	Martes	Eclesiastés 5:8-17	Eclesiastés 5:10-12
	Miércoles	Eclesiastés 5:18-20	Eclesiastés 5:19
	Jueves	Eclesiastés 6:1-6	Eclesiastés 6:1-2
	Viernes	Eclesiastés 6:7-12	Eclesiastés 6:10-11
	Día de respuesta		
SEMANA 5	Lunes	Eclesiastés 7:1-6	Eclesiastés 7:1
	Martes	Eclesiastés 7:7-13	Eclesiastés 7:11-12
	Miércoles	Eclesiastés 7:14-18	Eclesiastés 7:14
	Jueves	Eclesiastés 7:19-24	Eclesiastés 7:19-20
	Viernes	Eclesiastés 7:25-29	Eclesiastés 7:27-29
	Día de respuesta		
SEMANA 6	Lunes	Eclesiastés 8:1-9	Eclesiastés 8:4-5
	Martes	Eclesiastés 8:10-13	Eclesiastés 8:12
	Miércoles	Eclesiastés 8:14-15	Eclesiastés 8:15
	Jueves	Eclesiastés 8:16-17	Eclesiastés 8:16-17
	Viernes	Eclesiastés 9:1-6	Eclesiastés 9:1
	Día de respuesta		
SEMANA 7	Lunes	Eclesiastés 9:7-10	Eclesiastés 9:10
	Martes	Eclesiastés 9:11-18	Eclesiastés 9:17-18
	Miércoles	Eclesiastés 10:1-7	Eclesiastés 10:1-2
	Jueves	Eclesiastés 10:8-15	Eclesiastés 10:12-13
	Viernes	Eclesiastés 10:16-20	Eclesiastés 10:18
	Día de respuesta		
SEMANA 8	Lunes	Eclesiastés 11:1-4	Eclesiastés 11:4
	Martes	Eclesiastés 11:5-10	Eclesiastés 11:8
	Miércoles	Eclesiastés 12:1-8	Eclesiastés 12:1-2
	Jueves	Eclesiastés 12:9-12	Eclesiastés 12:11
	Viernes	Eclesiastés 12:13-14	Eclesiastés 12:13-14
	Día de respuesta		

Objetivos

Creemos que es importante escribir cuáles son tus objetivos para cada sesión. Toma un tiempo ahora y escribe 3 objetivos en los que te gustaría centrarte en esta sesión mientras comenzamos a levantarnos antes que nuestras familias y a profundizar en la Palabra de Dios. Asegúrate de regresar a estos objetivos en estas ocho semanas para ayudarte a estar centrada.

Mis objetivos para esta sesión son:

1.

2.

3.

Firma: _____

Fecha: _____

Introducción a Eclesiastés

Parece como si muchos cristianos de hoy pasaran mucho más tiempo leyendo el Nuevo Testamento que el Antiguo Testamento. Pero, leer solamente la mitad de la Biblia, es algo así como comer solamente un tipo de alimentos. SI comes solamente carne tu cuerpo tendrá algunos problemas. Si solamente comes granos le negarás a tu cuerpo alguno de los nutrientes que necesita. Necesitamos leer el Antiguo Testamento. ¿Por qué? La respuesta la encontramos en Romanos 15:4

> *"Porque las cosas que se escribieron antes, para nuestra enseñanza se escribieron, a fin de que por la paciencia y la consolación de las Escrituras, tengamos esperanza."*

El libro de Eclesiastés lo presenta de esta manera:

"Vanidad de vanidades... todo es vanidad." (Ecl.1:2) Así comienza y termina uno de los libros más difíciles y desafiantes de la Biblia. A primera vista, este libro puede parecer una lectura muy deprimente porque hace hincapié en el vacío de la vida y la vanidad de tantas cosas buenas que experimentamos en el mundo. Pero una lectura cuidadosa nos mostrará que el mensaje completo exalta a Dios y la alegría de la vida.

La autoría de Eclesiastés se atribuye a al rey Salomón, hijo de David. Aunque ha habido muchos debates en los dos últimos siglos que quieren mostrar que fue escrito por alguien que vivió después de Salomón y cuyo nombre no conocemos.

De cualquier manera, Eclesiastés evalúa la vida vivida con Dios y sin Él.

Te puedes dar cuenta de que Salomón tiende a saltar de un tema a otro. Algunos de los temas que explora son los siguientes:
- Este mundo es corrupto, temporal, confuso, y aparentemente injusto.
- No somos Dios y por lo tanto no siempre entendemos lo que Él está haciendo.
- La sabiduría es mejor que la necedad.
- Las cosas del mundo no duran y son de poco valor.
- La muerte llega a todo el mundo.
- La verdadera satisfacción no se puede encontrar en las cosas terrenales.

La idea principal del libro de Eclesiastés es que la vida no tiene sentido si no conoces a Dios. Porque una vida sin Dios es poco más que una serie de experiencias que llevan a cada persona, ya sea rico o pobre, moral o inmoral a la tumba.

Una mente perspicaz es buena, pero se desvanece con la edad, e incluso la sabiduría desaparece. La riqueza parece tan deseable y útil, pero nos puede ser arrebatada con eventos desafortunados. Incluso si nos aferramos a ella, no la podremos llevar con nosotros más allá de la tumba.

La conclusión de Salomón es que para que una persona encuentre significado, propósito y satisfacción en la vida, debe conocer a Dios.

Conocer al Señor, amarlo, temerlo y buscar nuestra identidad en Él es lo que nos da la libertad para disfrutar de los dones temporales de esta vida y mirar hacia los regalos de la vida eterna.

"dejemos que todo lo que es vacío aquí en la Tierra, nos conduzca a lo que va realmente a satisfacernos - la gracia de Dios, el amor de Dios, el Cordero de Dios; a Jesucristo, el mismo ayer, hoy y para siempre (Hebreos 13: 8)."

- George Mylne, (1859)

Mirando a Jesús

Jen

Semana 1

Desafío Semana 1 (Lo encontrarás en el artículo de los lunes):

Enfoque de oración para esta semana: Tu familia

Oración	Gratitud
Lunes	
Martes	
Miércoles	
Jueves	
Viernes	

¿Qué es lo que fue? Lo mismo que será. ¿Qué es lo que ha sido hecho? Lo mismo que se hará; y nada hay nuevo debajo del sol.

Eclesiastés 1:9 (RV60)

LUNES

[1] Palabras del Predicador, hijo de David, rey en Jerusalén.

[2] Vanidad de vanidades, dijo el Predicador; vanidad de vanidades, todo es vanidad.

[3] ¿Qué provecho tiene el hombre de todo su trabajo con que se afana debajo del sol?

[4] Generación va, y generación viene; mas la tierra siempre permanece.

[5] Sale el sol, y se pone el sol, y se apresura a volver al lugar de donde se levanta.

[6] El viento tira hacia el sur, y rodea al norte; va girando de continuo, y a sus giros vuelve el viento de nuevo.

MARTES

[7] Los ríos todos van al mar, y el mar no se llena; al lugar de donde los ríos vinieron, allí vuelven para correr de nuevo.

[8] Todas las cosas son fatigosas más de lo que el hombre puede expresar; nunca se sacia el ojo de ver, ni el oído de oír.

[9] ¿Qué es lo que fue? Lo mismo que será. ¿Qué es lo que ha sido hecho? Lo mismo que se hará; y nada hay nuevo debajo del sol.

[10] ¿Hay algo de que se puede decir: He aquí esto es nuevo? Ya fue en los siglos que nos han precedido.

[11] No hay memoria de lo que precedió, ni tampoco de lo que sucederá habrá memoria en los que serán después.

MIÉRCOLES

[12] Yo el Predicador fui rey sobre Israel en Jerusalén.

[13] Y di mi corazón a inquirir y a buscar con sabiduría sobre todo lo que se hace debajo del cielo; este penoso trabajo dio Dios a los hijos de los hombres, para que se ocupen en él.

[14] Miré todas las obras que se hacen debajo del sol; y he aquí, todo ello es vanidad y aflicción de espíritu.

[15] Lo torcido no se puede enderezar, y lo incompleto no puede contarse.

[16] Hablé yo en mi corazón, diciendo: He aquí yo me he engrandecido, y he crecido en sabiduría

sobre todos los que fueron antes de mí en Jerusalén; y mi corazón ha percibido mucha sabiduría y ciencia.

¹⁷ Y dediqué mi corazón a conocer la sabiduría, y también a entender las locuras y los desvaríos; conocí que aun esto era aflicción de espíritu.

¹⁸ Porque en la mucha sabiduría hay mucha molestia; y quien añade ciencia, añade dolor.

JUEVES   *ECLESIASTÉS 2:1-8 (RV60)*

¹ Dije yo en mi corazón: Ven ahora, te probaré con alegría, y gozarás de bienes. Mas he aquí esto también era vanidad.

² A la risa dije: Enloqueces; y al placer: ¿De qué sirve esto?

³ Propuse en mi corazón agasajar mi carne con vino, y que anduviese mi corazón en sabiduría, con retención de la necedad, hasta ver cuál fuese el bien de los hijos de los hombres, en el cual se ocuparan debajo del cielo todos los días de su vida.

⁴ Engrandecí mis obras, edifiqué para mí casas, planté para mí viñas;

⁵ me hice huertos y jardines, y planté en ellos árboles de todo fruto.

⁶ Me hice estanques de aguas, para regar de ellos el bosque donde crecían los árboles.

⁷ Compré siervos y siervas, y tuve siervos nacidos en casa; también tuve posesión grande de vacas y de ovejas, más que todos los que fueron antes de mí en Jerusalén.

⁸ Me amontoné también plata y oro, y tesoros preciados de reyes y de provincias; me hice de cantores y cantoras, de los deleites de los hijos de los hombres, y de toda clase de instrumentos de música.

VIERNES   *ECLESIASTÉS 2:9-11 (RV60)*

⁹ Y fui engrandecido y aumentado más que todos los que fueron antes de mí en Jerusalén; a más de esto, conservé conmigo mi sabiduría.

¹⁰ No negué a mis ojos ninguna cosa que desearan, ni aparté mi corazón de placer alguno, porque mi corazón gozó de todo mi trabajo; y esta fue mi parte de toda mi faena.

¹¹ Miré yo luego todas las obras que habían hecho mis manos, y el trabajo que tomé para hacerlas; y he aquí, todo era vanidad y aflicción de espíritu, y sin provecho debajo del sol.

Lunes

Lectura: Eclesiastés 1:1-6
Devocional: Eclesiastés 1:1-2

Pasaje - Escribe el pasaje del día

Observaciones - Escribe 1 ó 2 observaciones sobre el pasaje.

Lunes

Aplicaciones - Escribe 1 ó 2 aplicaciones del pasaje.

Oración - Ora sobre lo que has aprendido con el pasaje de hoy.

Martes

Lectura: Eclesiastés 1:7-11
Devocional: Eclesiastés 1:9-10

Pasaje - Escribe el pasaje del día

Observaciones - Escribe 1 ó 2 observaciones sobre el pasaje.

Martes

Aplicaciones - Escribe 1 ó 2 aplicaciones del pasaje.

Oración - Ora sobre lo que has aprendido con el pasaje de hoy.

Miércoles

Lectura: Eclesiastés 1:12-18
Devocional: Eclesiastés 1:17-18

Pasaje - Escribe el pasaje del día

Observaciones - Escribe 1 ó 2 observaciones sobre el pasaje.

Miércoles

Aplicaciones - Escribe 1 ó 2 aplicaciones del pasaje.

Oración - Ora sobre lo que has aprendido con el pasaje de hoy.

Jueves

Lectura: Eclesiastés 2:1-8
Devocional: Eclesiastés 2:1-2

Pasaje - Escribe el pasaje del día

Observaciones - Escribe 1 ó 2 observaciones sobre el pasaje.

Jueves

Aplicaciones - Escribe 1 ó 2 aplicaciones del pasaje.

Oración - Ora sobre lo que has aprendido con el pasaje de hoy.

Viernes

Lectura: Eclesiastés 2:9-11
Devocional: Eclesiastés 2:11

Pasaje - Escribe el pasaje del día

Observaciones - Escribe 1 ó 2 observaciones sobre el pasaje.

Viernes

Aplicaciones - Escribe 1 ó 2 aplicaciones del pasaje.

Oración - Ora sobre lo que has aprendido con el pasaje de hoy.

- Visita nuestro blog para leer el artículo de hoy -

Preguntas de Reflexión

1. ¿Cuál es la declaración más importante que hace Salomón acerca de la vida?

2. ¿A qué se consagró Salomón?

3. Lee Eclesiastés 1:17 y compáralo con Proverbios 4:7.

4. Haz una lista de todas las cosas a las cuales Salomón se entregó por completo, descritas en Eclesiastés 2:1-11.

5. ¿En qué cosas encuentras valor?

Mi Respuesta

Semana 2

Desafío Semana 2 (Lo encontrarás en el artículo de los lunes):

Enfoque de oración para esta semana: Tu país

	Oración	Gratitud
Lunes		
Martes		
Miércoles		
Jueves		
Viernes		

Todo tiene su tiempo, y todo lo
que se quiere debajo del cielo
tiene su hora.

Eclesiastés 3:1 (RV60)

LUNES

ECLESIASTÉS 2:12-17 (RV60)

¹² Después volví yo a mirar para ver la sabiduría y los desvaríos y la necedad; porque ¿qué podrá hacer el hombre que venga después del rey? Nada, sino lo que ya ha sido hecho.

¹³ Y he visto que la sabiduría sobrepasa a la necedad, como la luz a las tinieblas.

¹⁴ El sabio tiene sus ojos en su cabeza, mas el necio anda en tinieblas; pero también entendí yo que un mismo suceso acontecerá al uno como al otro.

¹⁵ Entonces dije yo en mi corazón: Como sucederá al necio, me sucederá también a mí. ¿Para qué, pues, he trabajado hasta ahora por hacerme más sabio? Y dije en mi corazón, que también esto era vanidad.

¹⁶ Porque ni del sabio ni del necio habrá memoria para siempre; pues en los días venideros ya todo será olvidado, y también morirá el sabio como el necio.

¹⁷ Aborrecí, por tanto, la vida, porque la obra que se hace debajo del sol me era fastidiosa; por cuanto todo es vanidad y aflicción de espíritu.

MARTES

ECLESIASTÉS 2:18-19 (RV60)

¹⁸ Asimismo aborrecí todo mi trabajo que había hecho debajo del sol, el cual tendré que dejar a otro que vendrá después de mí.

¹⁹ Y ¿quién sabe si será sabio o necio el que se enseñoreará de todo mi trabajo en que yo me afané y en que ocupé debajo del sol mi sabiduría? Esto también es vanidad.

MIÉRCOLES

ECLESIASTÉS 2:20-23 (RV60)

²⁰ Volvió, por tanto, a desesperanzarse mi corazón acerca de todo el trabajo en que me afané, y en que había ocupado debajo del sol mi sabiduría.

²¹ ¡Que el hombre trabaje con sabiduría, y con ciencia y con rectitud, y que haya de dar su hacienda a hombre que nunca trabajó en ello! También es esto vanidad y mal grande.

²² Porque ¿qué tiene el hombre de todo su trabajo, y de la fatiga de su corazón, con que se afana debajo del sol?

²³ Porque todos sus días no son sino dolores, y sus trabajos molestias; aun de noche su corazón no reposa. Esto también es vanidad.

JUEVES

²⁴ No hay cosa mejor para el hombre sino que coma y beba, y que su alma se alegre en su trabajo. También he visto que esto es de la mano de Dios.

²⁵ Porque ¿quién comerá, y quién se cuidará, mejor que yo?

²⁶ Porque al hombre que le agrada, Dios le da sabiduría, ciencia y gozo; mas al pecador da el trabajo de recoger y amontonar, para darlo al que agrada a Dios. También esto es vanidad y aflicción de espíritu.

VIERNES

¹ Todo tiene su tiempo, y todo lo que se quiere debajo del cielo tiene su hora.

² Tiempo de nacer, y tiempo de morir; tiempo de plantar, y tiempo de arrancar lo plantado;

³ tiempo de matar, y tiempo de curar; tiempo de destruir, y tiempo de edificar;

⁴ tiempo de llorar, y tiempo de reír; tiempo de endechar, y tiempo de bailar;

⁵ tiempo de esparcir piedras, y tiempo de juntar piedras; tiempo de abrazar, y tiempo de abstenerse de abrazar;

⁶ tiempo de buscar, y tiempo de perder; tiempo de guardar, y tiempo de desechar;

⁷ tiempo de romper, y tiempo de coser; tiempo de callar, y tiempo de hablar;

⁸ tiempo de amar, y tiempo de aborrecer; tiempo de guerra, y tiempo de paz.

Lectura: Eclesiastés 2:12-17
Devocional: Eclesiastés 2:12-13

Pasaje - Escribe el pasaje del día

Observaciones - Escribe 1 ó 2 observaciones sobre el pasaje.

Lunes

Aplicaciones - Escribe 1 ó 2 aplicaciones del pasaje.

Oración - Ora sobre lo que has aprendido con el pasaje de hoy.

Martes

Lectura: Eclesiastés 2:18-19
Devocional: Eclesiastés 2:18-19

Pasaje - Escribe el pasaje del día

Observaciones - Escribe 1 ó 2 observaciones sobre el pasaje.

Martes

Aplicaciones - Escribe 1 ó 2 aplicaciones del pasaje.

Oración - Ora sobre lo que has aprendido con el pasaje de hoy.

Miércoles

Lectura: Eclesiastés 2: 20-23
Devocional: Eclesiastés 2:20-21

Pasaje - Escribe el pasaje del día

Observaciones - Escribe 1 ó 2 observaciones sobre el pasaje.

Miércoles

Aplicaciones - Escribe 1 ó 2 aplicaciones del pasaje.

Oración - Ora sobre lo que has aprendido con el pasaje de hoy.

- Visita nuestro blog para leer el artículo de hoy -

Jueves

Lectura: Eclesiastés 2:24-26
Devocional: Eclesiastés 2:24-25

Pasaje - Escribe el pasaje del día

Observaciones - Escribe 1 ó 2 observaciones sobre el pasaje.

Jueves

Aplicaciones - Escribe 1 ó 2 aplicaciones del pasaje.

Oración - Ora sobre lo que has aprendido con el pasaje de hoy.

Viernes

Lectura: Eclesiastés 3:1-8
Devocional: Eclesiastés 3:1

Pasaje - Escribe el pasaje del día

Observaciones - Escribe 1 ó 2 observaciones sobre el pasaje.

Aplicaciones - Escribe 1 ó 2 aplicaciones del pasaje.

Oración - Ora sobre lo que has aprendido con el pasaje de hoy.

- Visita nuestro blog para leer el artículo de hoy -

Preguntas de Reflexión

1. ¿Qué conclusiones saca Salomón respecto a la sabiduría y a la necedad? (Eclesiastés 2:16)

2. ¿Qué cosas piensas que le hicieron aborrecer la vida? (Eclesiastés 2:17)

3. ¿Cuál es el valor del trabajo?

4. Eclesiastés 3:1-8 es un pasaje muy conocido. ¿Qué nos ensena sobre Dios y sobre el hombre?

5. ¿Cómo el pasaje anterior afecta nuestra vida diaria?

Mi Respuesta

Desafío Semana 3 (Lo encontrarás en el artículo de los lunes):

Enfoque de oración para esta semana: Tus amigos

	Oración	*Gratitud*
Lunes		
Martes		
Miércoles		
Jueves		
Viernes		

Mejores son dos que uno;
porque tienen mejor paga de su
trabajo. Porque si cayeren, el uno
levantará a su compañero; pero
¡ay del solo! que cuando cayere,
no habrá segundo que lo levante.

Eclesiastés 4:9-10 (RV60)

LUNES   *ECLESIASTÉS 3:9-15 (RV60)*

⁹ ¿Qué provecho tiene el que trabaja, de aquello en que se afana?

¹⁰ Yo he visto el trabajo que Dios ha dado a los hijos de los hombres para que se ocupen en él.

¹¹ Todo lo hizo hermoso en su tiempo; y ha puesto eternidad en el corazón de ellos, sin que alcance el hombre a entender la obra que ha hecho Dios desde el principio hasta el fin.

¹² Yo he conocido que no hay para ellos cosa mejor que alegrarse, y hacer bien en su vida;

¹³ y también que es don de Dios que todo hombre coma y beba, y goce el bien de toda su labor.

¹⁴ He entendido que todo lo que Dios hace será perpetuo; sobre aquello no se añadirá, ni de ello se disminuirá; y lo hace Dios, para que delante de él teman los hombres.

¹⁵ Aquello que fue, ya es; y lo que ha de ser, fue ya; y Dios restaura lo que pasó.

MARTES   *ECLESIASTÉS 3:16-22 (RV60)*

¹⁶ Vi más debajo del sol: en lugar del juicio, allí impiedad; y en lugar de la justicia, allí iniquidad.

¹⁷ Y dije yo en mi corazón: Al justo y al impío juzgará Dios; porque allí hay un tiempo para todo lo que se quiere y para todo lo que se hace.

¹⁸ Dije en mi corazón: Es así, por causa de los hijos de los hombres, para que Dios los pruebe, y para que vean que ellos mismos son semejantes a las bestias.

¹⁹ Porque lo que sucede a los hijos de los hombres, y lo que sucede a las bestias, un mismo suceso es: como mueren los unos, así mueren los otros, y una misma respiración tienen todos; ni tiene más el hombre que la bestia; porque todo es vanidad.

²⁰ Todo va a un mismo lugar; todo es hecho del polvo, y todo volverá al mismo polvo.

²¹ ¿Quién sabe que el espíritu de los hijos de los hombres sube arriba, y que el espíritu del animal desciende abajo a la tierra?

²² Así, pues, he visto que no hay cosa mejor para el hombre que alegrarse en su trabajo, porque esta es su parte; porque ¿quién lo llevará para que vea lo que ha de ser después de él?

MIÉRCOLES   *ECLESIASTÉS 4:1-6 (RV60)*

Me volví y vi todas las violencias que se hacen debajo del sol; y he aquí las lágrimas de los oprimidos, sin tener quien los consuele; y la fuerza estaba en la mano de sus opresores, y para ellos no había consolador.

² Y alabé yo a los finados, los que ya murieron, más que a los vivientes, los que viven todavía.

³ Y tuve por más feliz que unos y otros al que no ha sido aún, que no ha visto las malas obras que debajo del sol se hacen.

⁴ He visto asimismo que todo trabajo y toda excelencia de obras despierta la envidia del hombre contra su prójimo. También esto es vanidad y aflicción de espíritu.

⁵ El necio cruza sus manos y come su misma carne.

⁶ Más vale un puño lleno con descanso, que ambos puños llenos con trabajo y aflicción de espíritu.

JUEVES

⁷ Yo me volví otra vez, y vi vanidad debajo del sol.

⁸ Está un hombre solo y sin sucesor, que no tiene hijo ni hermano; pero nunca cesa de trabajar, ni sus ojos se sacian de sus riquezas, ni se pregunta: ¿Para quién trabajo yo, y defraudo mi alma del bien? También esto es vanidad, y duro trabajo.

⁹ Mejores son dos que uno; porque tienen mejor paga de su trabajo.

¹⁰ Porque si cayeren, el uno levantará a su compañero; pero ¡ay del solo! que cuando cayere, no habrá segundo que lo levante.

¹¹ También si dos durmieren juntos, se calentarán mutuamente; mas ¿cómo se calentará uno solo?

¹² Y si alguno prevaleciere contra uno, dos le resistirán; y cordón de tres dobleces no se rompe pronto.

VIERNES

¹³ Mejor es el muchacho pobre y sabio, que el rey viejo y necio que no admite consejos;

¹⁴ porque de la cárcel salió para reinar, aunque en su reino nació pobre.

¹⁵ Vi a todos los que viven debajo del sol caminando con el muchacho sucesor, que estará en lugar de aquél.

¹⁶ No tenía fin la muchedumbre del pueblo que le seguía; sin embargo, los que vengan después tampoco estarán contentos de él. Y esto es también vanidad y aflicción de espíritu.

Lunes

Lectura: Eclesiastés 3:9-15
Devocional: Eclesiastés 3:14-15

Pasaje - Escribe el pasaje del día

Observaciones - Escribe 1 ó 2 observaciones sobre el pasaje.

Lunes

Aplicaciones - Escribe 1 ó 2 aplicaciones del pasaje.

Oración - Ora sobre lo que has aprendido con el pasaje de hoy.

Lectura: Eclesiastés 3:16-22
Devocional: Eclesiastés 3:16-17

Pasaje - Escribe el pasaje del día

Observaciones - Escribe 1 ó 2 observaciones sobre el pasaje.

Martes

Aplicaciones - Escribe 1 ó 2 aplicaciones del pasaje.

Oración - Ora sobre lo que has aprendido con el pasaje de hoy.

Miércoles

Lectura: Eclesiastés 4:1-6
Devocional: Eclesiastés 4:6

Pasaje - Escribe el pasaje del día

Observaciones - Escribe 1 ó 2 observaciones sobre el pasaje.

Miércoles

Aplicaciones - Escribe 1 ó 2 aplicaciones del pasaje.

Oración - Ora sobre lo que has aprendido con el pasaje de hoy.

Jueves

Lectura: Eclesiastés 4:7-12
Devocional: Eclesiastés 4:9-10

Pasaje - Escribe el pasaje del día

Observaciones - Escribe 1 ó 2 observaciones sobre el pasaje.

Jueves

Aplicaciones - Escribe 1 ó 2 aplicaciones del pasaje.

Oración - Ora sobre lo que has aprendido con el pasaje de hoy.

Viernes

Lectura: Eclesiastés 4:13-16
Devocional: Eclesiastés 4:13

Pasaje - Escribe el pasaje del día

Observaciones - Escribe 1 ó 2 observaciones sobre el pasaje.

Aplicaciones - Escribe 1 ó 2 aplicaciones del pasaje.

Oración - Ora sobre lo que has aprendido con el pasaje de hoy.

- Visita nuestro blog para leer el artículo de hoy -

Preguntas de Reflexión

1. De acuerdo a la lectura de Eclesiastés 3:13, ¿Cuál fue el regalo de Dios para el hombre?

2. De acuerdo a Eclesiastés 3:18, ¿por qué Dios prueba al hombre?

3. ¿Por qué Salomón compara al hombre con los animales? (Eclesiastés 3:19-21)

4. ¿Cuál es el tema principal de Eclesiastés capítulo 4?

5. En Eclesiastés 4:9 se nos dice que es mejor dos que uno. ¿Qué quiere decir esto, y cuál es el propósito de la amistad?

Mi Respuesta

Semana 4

Desafío Semana 4 (Lo encontrarás en el artículo de los lunes):

Enfoque de oración para esta semana: Tu iglesia

Oración	Gratitud
Lunes	
Martes	
Miércoles	
Jueves	
Viernes	

Como salió del vientre de su
madre, desnudo, así vuelve,
yéndose tal como vino; y nada
tiene de su trabajo para llevar en
su mano.

Eclesiastés 5:15 (RV60)

Pasajes Semana 4

LUNES *ECLESIASTÉS 5:1-7 (RV60)*

[1] Cuando fueres a la casa de Dios, guarda tu pie; y acércate más para oír que para ofrecer el sacrificio de los necios; porque no saben que hacen mal.

[2] No te des prisa con tu boca, ni tu corazón se apresure a proferir palabra delante de Dios; porque Dios está en el cielo, y tú sobre la tierra; por tanto, sean pocas tus palabras.

[3] Porque de la mucha ocupación viene el sueño, y de la multitud de las palabras la voz del necio.

[4] Cuando a Dios haces promesa, no tardes en cumplirla; porque él no se complace en los insensatos. Cumple lo que prometes.

[5] Mejor es que no prometas, y no que prometas y no cumplas.

[6] No dejes que tu boca te haga pecar, ni digas delante del ángel, que fue ignorancia. ¿Por qué harás que Dios se enoje a causa de tu voz, y que destruya la obra de tus manos?

[7] Donde abundan los sueños, también abundan las vanidades y las muchas palabras; mas tú, teme a Dios.

MARTES *ECLESIASTÉS 5:8-17 (RV60)*

[8] Si opresión de pobres y perversión de derecho y de justicia vieres en la provincia, no te maravilles de ello; porque sobre el alto vigila otro más alto, y uno más alto está sobre ellos.

[9] Además, el provecho de la tierra es para todos; el rey mismo está sujeto a los campos.

[10] El que ama el dinero, no se saciará de dinero; y el que ama el mucho tener, no sacará fruto. También esto es vanidad.

[11] Cuando aumentan los bienes, también aumentan los que los consumen. ¿Qué bien, pues, tendrá su dueño, sino verlos con sus ojos?

[12] Dulce es el sueño del trabajador, coma mucho, coma poco; pero al rico no le deja dormir la abundancia.

[13] Hay un mal doloroso que he visto debajo del sol: las riquezas guardadas por sus dueños para su mal;

[14] las cuales se pierden en malas ocupaciones, y a los hijos que engendraron, nada les queda en la mano.

[15] Como salió del vientre de su madre, desnudo, así vuelve, yéndose tal como vino; y nada tiene de su trabajo para llevar en su mano.

[16] Este también es un gran mal, que como vino, así haya de volver. ¿Y de qué le aprovechó trabajar en vano?

[17] Además de esto, todos los días de su vida comerá en tinieblas, con mucho afán y dolor y miseria.

MIÉRCOLES
ECLESIASTÉS 5:18-20 (RV60)

¹⁸ He aquí, pues, el bien que yo he visto: que lo bueno es comer y beber, y gozar uno del bien de todo su trabajo con que se fatiga debajo del sol, todos los días de su vida que Dios le ha dado; porque esta es su parte.

¹⁹ Asimismo, a todo hombre a quien Dios da riquezas y bienes, y le da también facultad para que coma de ellas, y tome su parte, y goce de su trabajo, esto es don de Dios.

²⁰ Porque no se acordará mucho de los días de su vida; pues Dios le llenará de alegría el corazón.

JUEVES
ECLESIASTÉS 6:1-6 (RV60)

¹ Hay un mal que he visto debajo del cielo, y muy común entre los hombres:

² El del hombre a quien Dios da riquezas y bienes y honra, y nada le falta de todo lo que su alma desea; pero Dios no le da facultad de disfrutar de ello, sino que lo disfrutan los extraños. Esto es vanidad, y mal doloroso.

³ Aunque el hombre engendrare cien hijos, y viviere muchos años, y los días de su edad fueren numerosos; si su alma no se sació del bien, y también careció de sepultura, yo digo que un abortivo es mejor que él.

⁴ Porque éste en vano viene, y a las tinieblas va, y con tinieblas su nombre es cubierto.

⁵ Además, no ha visto el sol, ni lo ha conocido; más reposo tiene éste que aquél.

⁶ Porque si aquél viviere mil años dos veces, sin gustar del bien, ¿no van todos al mismo lugar?

VIERNES
ECLESIASTÉS 6:7-12 (RV60)

Todo el trabajo del hombre es para su boca, y con todo eso su deseo no se sacia.

⁸ Porque ¿qué más tiene el sabio que el necio? ¿Qué más tiene el pobre que supo caminar entre los vivos?

⁹ Más vale vista de ojos que deseo que pasa. Y también esto es vanidad y aflicción de espíritu.

¹⁰ Respecto de lo que es, ya ha mucho que tiene nombre, y se sabe que es hombre y que no puede contender con Aquel que es más poderoso que él.

¹¹ Ciertamente las muchas palabras multiplican la vanidad. ¿Qué más tiene el hombre?

¹² Porque ¿quién sabe cuál es el bien del hombre en la vida, todos los días de la vida de su vanidad, los cuales él pasa como sombra? Porque ¿quién enseñará al hombre qué será después de él debajo del sol?

Lunes

Lectura: Eclesiastés 5:1-7
Devocional: Eclesiastés 5:4-5

Pasaje - Escribe el pasaje del día

Observaciones - Escribe 1 ó 2 observaciones sobre el pasaje.

Aplicaciones - Escribe 1 ó 2 aplicaciones del pasaje.

Oración - Ora sobre lo que has aprendido con el pasaje de hoy.

Martes

Lectura: Eclesiastés 5:8-17
Devocional: Eclesiastés 5:10-12

Pasaje - Escribe el pasaje del día

Observaciones - Escribe 1 ó 2 observaciones sobre el pasaje.

Martes

Aplicaciones - Escribe 1 ó 2 aplicaciones del pasaje.

Oración - Ora sobre lo que has aprendido con el pasaje de hoy.

Miércoles

Lectura: Eclesiastés 5:18-20
Devocional: Eclesiastés 5:19

Pasaje - Escribe el pasaje del día

Observaciones - Escribe 1 ó 2 observaciones sobre el pasaje.

Aplicaciones - Escribe 1 ó 2 aplicaciones del pasaje.

Oración - Ora sobre lo que has aprendido con el pasaje de hoy.

Jueves

Lectura: Eclesiastés 6:1-6
Devocional: Eclesiastés 6:1-2

Pasaje - Escribe el pasaje del día

Observaciones - Escribe 1 ó 2 observaciones sobre el pasaje.

Jueves

Aplicaciones - Escribe 1 ó 2 aplicaciones del pasaje.

Oración - Ora sobre lo que has aprendido con el pasaje de hoy.

Viernes

Lectura: Eclesiastés 6:7-12
Devocional: Eclesiastés 6:10-11

Pasaje - Escribe el pasaje del día

Observaciones - Escribe 1 ó 2 observaciones sobre el pasaje.

Aplicaciones - Escribe 1 ó 2 aplicaciones del pasaje.

Oración - Ora sobre lo que has aprendido con el pasaje de hoy.

- Visita nuestro blog para leer el artículo de hoy -

1. ¿Cuáles son los sacrificios de los necios? (Eclesiastés 5:1)

2. ¿Qué significa temerle al Señor? ¿Cómo puedes crecer en esta área?

3. ¿Por qué es vanidad el amor al dinero y las riquezas?

4. En Eclesiastés 5:18 se nos dice que debemos disfrutar el trabajo que Dios nos ha dado. Haz una lista de esas cosas que normalmente Dios te llama a hacer. ¿Encuentras dicha en ellas? Si no, ¿cómo puedes ser más dichosa en esas áreas?

5. En Eclesiastés 6:3-4 Salomón hace una declaración un poco abrupta. ¿Cuál es el significado de estos versículos?

Mi Respuesta

Semana 5

Desafío Semana 5 (Lo encontrarás en el artículo de los lunes):

Enfoque de oración para esta semana: Misioneros

	Oración	Gratitud
Lunes		
Martes		
Miércoles		
Jueves		
Viernes		

En el día del bien goza del bien;
y en el día de la adversidad
considera. Dios hizo tanto lo
uno como lo otro, a fin de que el
hombre nada halle después de él.

Eclesiastés 7:14 RV60)

LUNES   *ECLESIASTÉS 7:1-6 (RV60)*

Mejor es la buena fama que el buen ung:uento; y mejor el día de la muerte que el día del nacimiento.

[2] Mejor es ir a la casa del luto que a la casa del banquete; porque aquello es el fin de todos los hombres, y el que vive lo pondrá en su corazón.

[3] Mejor es el pesar que la risa; porque con la tristeza del rostro se enmendará el corazón.

[4] El corazón de los sabios está en la casa del luto; mas el corazón de los insensatos, en la casa en que hay alegría.

[5] Mejor es oír la represión del sabio que la canción de los necios.

[6] Porque la risa del necio es como el estrépito de los espinos debajo de la olla. Y también esto es vanidad.

MARTES   *ECLESIASTÉS 7:7-13 (RV60)*

[7] Ciertamente la opresión hace entontecer al sabio, y las dádivas corrompen el corazón.

[8] Mejor es el fin del negocio que su principio; mejor es el sufrido de espíritu que el altivo de espíritu.

[9] No te apresures en tu espíritu a enojarte; porque el enojo reposa en el seno de los necios.

[10] Nunca digas: ¿Cuál es la causa de que los tiempos pasados fueron mejores que estos? Porque nunca de esto preguntarás con sabiduría.

[11] Buena es la ciencia con herencia, y provechosa para los que ven el sol.

[12] Porque escudo es la ciencia, y escudo es el dinero; mas la sabiduría excede, en que da vida a sus poseedores.

[13] Mira la obra de Dios; porque ¿quién podrá enderezar lo que él torció?

MIÉRCOLES

¹⁴ En el día del bien goza del bien; y en el día de la adversidad considera. Dios hizo tanto lo uno como lo otro, a fin de que el hombre nada halle después de él.

¹⁵ Todo esto he visto en los días de mi vanidad. Justo hay que perece por su justicia, y hay impío que por su maldad alarga sus días.

¹⁶ No seas demasiado justo, ni seas sabio con exceso; ¿por qué habrás de destruirte?

¹⁷ No hagas mucho mal, ni seas insensato; ¿por qué habrás de morir antes de tu tiempo?

¹⁸ Bueno es que tomes esto, y también de aquello no apartes tu mano; porque aquel que a Dios teme, saldrá bien en todo.

JUEVES

¹⁹ La sabiduría fortalece al sabio más que diez poderosos que haya en una ciudad.

²⁰ Ciertamente no hay hombre justo en la tierra, que haga el bien y nunca peque.

²¹ Tampoco apliques tu corazón a todas las cosas que se hablan, para que no oigas a tu siervo cuando dice mal de ti;

²² porque tu corazón sabe que tú también dijiste mal de otros muchas veces.

²³ Todas estas cosas probé con sabiduría, diciendo: Seré sabio; pero la sabiduría se alejó de mí.

²⁴ Lejos está lo que fue; y lo muy profundo, ¿quién lo hallará?

VIERNES

²⁵ Me volví y fijé mi corazón para saber y examinar e inquirir la sabiduría y la razón, y para conocer la maldad de la insensatez y el desvarío del error.

²⁶ Y he hallado más amarga que la muerte a la mujer cuyo corazón es lazos y redes, y sus manos ligaduras. El que agrada a Dios escapará de ella; mas el pecador quedará en ella preso.

²⁷ He aquí que esto he hallado, dice el Predicador, pesando las cosas una por una para hallar la razón;

²⁸ lo que aún busca mi alma, y no lo encuentra: un hombre entre mil he hallado, pero mujer entre todas éstas nunca hallé.

²⁹ He aquí, solamente esto he hallado: que Dios hizo al hombre recto, pero ellos buscaron muchas perversiones.

Lectura: Eclesiastés 7:1-6
Devocional: Eclesiastés 7:1

Pasaje - Escribe el pasaje del día

Observaciones - Escribe 1 ó 2 observaciones sobre el pasaje.

Aplicaciones - Escribe 1 ó 2 aplicaciones del pasaje.

Oración - Ora sobre lo que has aprendido con el pasaje de hoy.

- Visita nuestro blog para leer el artículo de hoy -

Martes

Lectura: Eclesiastés 7:7-13
Devocional: Eclesiastés 7:11-12

Pasaje - Escribe el pasaje del día

Observaciones - Escribe 1 ó 2 observaciones sobre el pasaje.

Martes

Aplicaciones - Escribe 1 ó 2 aplicaciones del pasaje.

Oración - Ora sobre lo que has aprendido con el pasaje de hoy.

Miércoles

Lectura: Eclesiastés 7:14-18
Devocional: Eclesiastés 7:14

Pasaje - Escribe el pasaje del día

Observaciones - Escribe 1 ó 2 observaciones sobre el pasaje.

Miércoles

Aplicaciones - Escribe 1 ó 2 aplicaciones del pasaje.

Oración - Ora sobre lo que has aprendido con el pasaje de hoy.

- Visita nuestro blog para leer el artículo de hoy -

Lectura: Eclesiastés 7:19-24
Devocional: Eclesiastés 7:19-20

Pasaje - Escribe el pasaje del día

Observaciones - Escribe 1 ó 2 observaciones sobre el pasaje.

Jueves

Aplicaciones - Escribe 1 ó 2 aplicaciones del pasaje.

Oración - Ora sobre lo que has aprendido con el pasaje de hoy.

Viernes

Lectura: Eclesiastés 7:25-29
Devocional: Eclesiastés 7:27-29

Pasaje - Escribe el pasaje del día

Observaciones - Escribe 1 ó 2 observaciones sobre el pasaje.

Viernes

Aplicaciones - Escribe 1 ó 2 aplicaciones del pasaje.

Oración - Ora sobre lo que has aprendido con el pasaje de hoy.

- Visita nuestro blog para leer el artículo de hoy -

Preguntas de Reflexión

1. ¿Por qué es mejor "acompañar en luto" que "ir de banquetes" y por qué es mejor "tristeza" que "carcajadas"? (Eclesiastés 7:1-4)

2. Haz una lista de lo que es sabio y lo que es necio de acuerdo a Eclesiastés capítulo 7.

3. ¿Por qué la ira es peligrosa? Lee Eclesiastés 7:9

4. En Eclesiastés 7:16 se nos dice que no seamos demasiado justos o sabios. ¿Es esto posible? ¿Qué quiere decir Salomón con esto?

5. Después de muchas observaciones Salomón llega a una conclusión en Eclesiastés 7:29. ¿Cuál es esa conclusión?

Mi Respuesta

Semana 6

Desafío Semana 6 (Lo encontrarás en el artículo de los lunes):

Enfoque de oración para esta semana: Pasa un tiempo orando por ti misma.

	Oración	Gratitud
Lunes		
Martes		
Miércoles		
Jueves		
Viernes		

Aunque el pecador haga mal
cien veces, y prolongue sus días,
con todo yo también sé que les
irá bien a los que a Dios temen,
los que temen ante su presencia.

Eclesiastés 8:12 (RV60)

Pasajes Semana 6

LUNES

ECLESIASTÉS 8:1-9 (RV60)

[1] ¿Quién como el sabio? ¿y quién como el que sabe la declaración de las cosas? La sabiduría del hombre ilumina su rostro, y la tosquedad de su semblante se mudará.

[2] Te aconsejo que guardes el mandamiento del rey y la palabra del juramento de Dios.

[3] No te apresures a irte de su presencia, ni en cosa mala persistas; porque él hará todo lo que quiere.

[4] Pues la palabra del rey es con potestad, ¿y quién le dirá: ¿Qué haces?

[5] El que guarda el mandamiento no experimentará mal; y el corazón del sabio discierne el tiempo y el juicio.

[6] Porque para todo lo que quisieres hay tiempo y juicio; porque el mal del hombre es grande sobre él;

[7] pues no sabe lo que ha de ser; y el cuándo haya de ser, ¿quién se lo enseñará?

[8] No hay hombre que tenga potestad sobre el espíritu para retener el espíritu, ni potestad sobre el día de la muerte; y no valen armas en tal guerra, ni la impiedad librará al que la posee.

[9] Todo esto he visto, y he puesto mi corazón en todo lo que debajo del sol se hace; hay tiempo en que el hombre se enseñorea del hombre para mal suyo.

MARTES

ECLESIASTÉS 8:10-13 (RV60)

[10] Asimismo he visto a los inicuos sepultados con honra; mas los que frecuentaban el lugar santo fueron luego puestos en olvido en la ciudad donde habían actuado con rectitud. Esto también es vanidad.

[11] Por cuanto no se ejecuta luego sentencia sobre la mala obra, el corazón de los hijos de los hombres está en ellos dispuesto para hacer el mal.

[12] Aunque el pecador haga mal cien veces, y prolongue sus días, con todo yo también sé que les irá bien a los que a Dios temen, los que temen ante su presencia;

[13] y que no le irá bien al impío, ni le serán prolongados los días, que son como sombra; por cuanto no teme delante de la presencia de Dios.

MIÉRCOLES

¹⁴ Hay vanidad que se hace sobre la tierra: que hay justos a quienes sucede como si hicieran obras de impíos, y hay impíos a quienes acontece como si hicieran obras de justos. Digo que esto también es vanidad.

¹⁵ Por tanto, alabé yo la alegría; que no tiene el hombre bien debajo del sol, sino que coma y beba y se alegre; y que esto le quede de su trabajo los días de su vida que Dios le concede debajo del sol.

JUEVES

¹⁶ Yo, pues, dediqué mi corazón a conocer sabiduría, y a ver la faena que se hace sobre la tierra (porque hay quien ni de noche ni de día ve sueño en sus ojos);

¹⁷ y he visto todas las obras de Dios, que el hombre no puede alcanzar la obra que debajo del sol se hace; por mucho que trabaje el hombre buscándola, no la hallará; aunque diga el sabio que la conoce, no por eso podrá alcanzarla.

VIERNES

¹ Ciertamente he dado mi corazón a todas estas cosas, para declarar todo esto: que los justos y los sabios, y sus obras, están en la mano de Dios; que sea amor o que sea odio, no lo saben los hombres; todo está delante de ellos.

² Todo acontece de la misma manera a todos; un mismo suceso ocurre al justo y al impío; al bueno, al limpio y al no limpio; al que sacrifica, y al que no sacrifica; como al bueno, así al que peca; al que jura, como al que teme el juramento.

³ Este mal hay entre todo lo que se hace debajo del sol, que un mismo suceso acontece a todos, y también que el corazón de los hijos de los hombres está lleno de mal y de insensatez en su corazón durante su vida; y después de esto se van a los muertos.

⁴ Aún hay esperanza para todo aquel que está entre los vivos; porque mejor es perro vivo que león muerto.

⁵ Porque los que viven saben que han de morir; pero los muertos nada saben, ni tienen más paga; porque su memoria es puesta en olvido.

⁶ También su amor y su odio y su envidia fenecieron ya; y nunca más tendrán parte en todo lo que se hace debajo del sol.

Lectura: Eclesiastés 8:1-9
Devocional: Eclesiastés 8:4-5

Pasaje - Escribe el pasaje del día

Observaciones - Escribe 1 ó 2 observaciones sobre el pasaje.

Lunes

Aplicaciones - Escribe 1 ó 2 aplicaciones del pasaje.

Oración - Ora sobre lo que has aprendido con el pasaje de hoy.

Martes

Lectura: Eclesiastés 8:10-13
Devocional: Eclesiastés 8:12

Pasaje - Escribe el pasaje del día

Observaciones - Escribe 1 ó 2 observaciones sobre el pasaje.

Martes

Aplicaciones - Escribe 1 ó 2 aplicaciones del pasaje.

Oración - Ora sobre lo que has aprendido con el pasaje de hoy.

Miércoles

Lectura: Eclesiastés 8:14-15
Devocional: Eclesiastés 8:15

Pasaje - Escribe el pasaje del día

Observaciones - Escribe 1 ó 2 observaciones sobre el pasaje.

Miércoles

Aplicaciones - Escribe 1 ó 2 aplicaciones del pasaje.

Oración - Ora sobre lo que has aprendido con el pasaje de hoy.

Jueves

Lectura: Eclesiastés 8:16-17
Devocional: Eclesiastés 8:16-17

Pasaje - Escribe el pasaje del día

Observaciones - Escribe 1 ó 2 observaciones sobre el pasaje.

Jueves

Aplicaciones - Escribe 1 ó 2 aplicaciones del pasaje.

Oración - Ora sobre lo que has aprendido con el pasaje de hoy.

Viernes

Lectura: Eclesiastés 9:1-6
Devocional: Eclesiastés 9:1

Pasaje - Escribe el pasaje del día

Observaciones - Escribe 1 ó 2 observaciones sobre el pasaje.

Viernes

Aplicaciones - Escribe 1 ó 2 aplicaciones del pasaje.

Oración - Ora sobre lo que has aprendido con el pasaje de hoy.

- Visita nuestro blog para leer el artículo de hoy -

Preguntas de Reflexión

1. ¿Qué efecto tiene la sabiduría en una persona en relación a lo que dice en Eclesiastés 8:1?

2. ¿Por qué Salomón dice que debemos guardar el mandamiento del rey? (Eclesiastés 8:2)

3. A pesar de que aparentemente las cosas le van bien al tramposo, ¿por qué no durará para siempre así? ¿Qué les pasará a aquellos que le temen a Dios? (Eclesiastés 8:10-13)

4. ¿Qué nos enseña Eclesiastés sobre el entendimiento de Dios?

5. ¿Qué maldad nos sucede a todos? (Eclesiastés 9:1-3) ¿Por qué Salomón le llama "maldad"?

Mi Respuesta

Semana 7

Desafío Semana 7 (Lo encontrarás en el artículo de los lunes):

Enfoque de oración para esta semana: Pasa tiempo esta semana convirtiendo tus miedos en oraciones.

Oración	Gratitud
Lunes	
Martes	
Miércoles	
Jueves	
Viernes	

Las palabras de la boca del sabio son llenas de gracia, mas los labios del necio causan su propia ruina.

Eclesiastés 10:12 (RV60)

LUNES   *ECLESIASTÉS 9:7-10*

⁷ Anda, y come tu pan con gozo, y bebe tu vino con alegre corazón; porque tus obras ya son agradables a Dios.

⁸ En todo tiempo sean blancos tus vestidos, y nunca falte ung:uento sobre tu cabeza.

⁹ Goza de la vida con la mujer que amas, todos los días de la vida de tu vanidad que te son dados debajo del sol, todos los días de tu vanidad; porque esta es tu parte en la vida, y en tu trabajo con que te afanas debajo del sol.

¹⁰ Todo lo que te viniere a la mano para hacer, hazlo según tus fuerzas; porque en el Seol, adonde vas, no hay obra, ni trabajo, ni ciencia, ni sabiduría.

MARTES   *ECLESIASTÉS 9:11-18 (RV60)*

¹¹ Me volví y vi debajo del sol, que ni es de los ligeros la carrera, ni la guerra de los fuertes, ni aun de los sabios el pan, ni de los prudentes las riquezas, ni de los elocuentes el favor; sino que tiempo y ocasión acontecen a todos.

¹² Porque el hombre tampoco conoce su tiempo; como los peces que son presos en la mala red, y como las aves que se enredan en lazo, así son enlazados los hijos de los hombres en el tiempo malo, cuando cae de repente sobre ellos.

¹³ También vi esta sabiduría debajo del sol, la cual me parece grande:

¹⁴ una pequeña ciudad, y pocos hombres en ella; y viene contra ella un gran rey, y la asedia y levanta contra ella grandes baluartes;

¹⁵ y se halla en ella un hombre pobre, sabio, el cual libra a la ciudad con su sabiduría; y nadie se acordaba de aquel hombre pobre.

¹⁶ Entonces dije yo: Mejor es la sabiduría que la fuerza, aunque la ciencia del pobre sea menospreciada, y no sean escuchadas sus palabras.

¹⁷ Las palabras del sabio escuchadas en quietud, son mejores que el clamor del señor entre los necios.

¹⁸ Mejor es la sabiduría que las armas de guerra; pero un pecador destruye mucho bien.

MIÉRCOLES

ECLESIASTÉS 10:1-7 (RV60)

¹ Las moscas muertas hacen heder y dar mal olor al perfume del perfumista; así una pequeña locura, al que es estimado como sabio y honorable.

² El corazón del sabio está a su mano derecha, mas el corazón del necio a su mano izquierda.

³ Y aun mientras va el necio por el camino, le falta cordura, y va diciendo a todos que es necio.

⁴ Si el espíritu del príncipe se exaltare contra ti, no dejes tu lugar; porque la mansedumbre hará cesar grandes ofensas.

⁵ Hay un mal que he visto debajo del sol, a manera de error emanado del príncipe:

⁶ la necedad está colocada en grandes alturas, y los ricos están sentados en lugar bajo.

⁷ Vi siervos a caballo, y príncipes que andaban como siervos sobre la tierra.

JUEVES

ECLESIASTÉS 10:8-15 (RV60)

El que hiciere hoyo caerá en él; y al que aportillare vallado, le morderá la serpiente.

⁹ Quien corta piedras, se hiere con ellas; el que parte leña, en ello peligra.

¹⁰ Si se embotare el hierro, y su filo no fuere amolado, hay que añadir entonces más fuerza; pero la sabiduría es provechosa para dirigir.

¹¹ Si muerde la serpiente antes de ser encantada, de nada sirve el encantador.

¹² Las palabras de la boca del sabio son llenas de gracia, mas los labios del necio causan su propia ruina.

¹³ El principio de las palabras de su boca es necedad; y el fin de su charla, nocivo desvarío.

¹⁴ El necio multiplica palabras, aunque no sabe nadie lo que ha de ser; ¿y quién le hará saber lo que después de él será?

¹⁵ El trabajo de los necios los fatiga; porque no saben por dónde ir a la ciudad.

VIERNES

ECLESIASTÉS 10:16-20 (RV60)

¹⁶ ¡Ay de ti, tierra, cuando tu rey es muchacho, y tus príncipes banquetean de mañana!

¹⁷ ¡Bienaventurada tú, tierra, cuando tu rey es hijo de nobles, y tus príncipes comen a su hora, para reponer sus fuerzas y no para beber!

¹⁸ Por la pereza se cae la techumbre, y por la flojedad de las manos se llueve la casa.

¹⁹ Por el placer se hace el banquete, y el vino alegra a los vivos; y el dinero sirve para todo.

²⁰ Ni aun en tu pensamiento digas mal del rey, ni en lo secreto de tu cámara digas mal del rico; porque las aves del cielo llevarán la voz, y las que tienen alas harán saber la palabra.

Lectura: Eclesiastés 9:7-10
Devocional: Eclesiastés 9:10

Pasaje - Escribe el pasaje del día

Observaciones - Escribe 1 ó 2 observaciones sobre el pasaje.

Lunes

Aplicaciones - Escribe 1 ó 2 aplicaciones del pasaje.

Oración - Ora sobre lo que has aprendido con el pasaje de hoy.

Lectura: Eclesiastés 9:11-18
Devocional: Eclesiastés 9:17-18

Pasaje - Escribe el pasaje del día

Observaciones - Escribe 1 ó 2 observaciones sobre el pasaje.

Martes

Aplicaciones - Escribe 1 ó 2 aplicaciones del pasaje.

Oración - Ora sobre lo que has aprendido con el pasaje de hoy.

Miércoles

Lectura: Eclesiastés 10:1-7
Devocional: Eclesiastés 10:1-2

Pasaje - Escribe el pasaje del día

Observaciones - Escribe 1 ó 2 observaciones sobre el pasaje.

Miércoles

Aplicaciones - Escribe 1 ó 2 aplicaciones del pasaje.

Oración - Ora sobre lo que has aprendido con el pasaje de hoy.

- Visita nuestro blog para leer el artículo de hoy -

Jueves

Lectura: Eclesiastés 10:8-15
Devocional: Eclesiastés 10:12-13

Pasaje - Escribe el pasaje del día

Observaciones - Escribe 1 ó 2 observaciones sobre el pasaje.

Jueves

Aplicaciones - Escribe 1 ó 2 aplicaciones del pasaje.

Oración - Ora sobre lo que has aprendido con el pasaje de hoy.

Viernes

Lectura: Eclesiastés 10:16-20
Devocional: Eclesiastés 10:18

Pasaje - Escribe el pasaje del día

Observaciones - Escribe 1 ó 2 observaciones sobre el pasaje.

Viernes

Aplicaciones - Escribe 1 ó 2 aplicaciones del pasaje.

Oración - Ora sobre lo que has aprendido con el pasaje de hoy.

Preguntas de Reflexión

1. Salomón nos habla del trabajo. ¿Qué recomendaciones nos da en Eclesiastés 9:9-10?

2. ¿Cómo es la sabiduría mejor que el poder según lo escrito en Eclesiastés 9:13-18?

3. ¿De qué manera la locura "sobrepasa la sabiduría"? (Eclesiastés 10:1)

4. ¿De qué peligro nos advierte en Eclesiastés 10:8-9?

5. ¿Cuál es la verdad sobre la pereza? Eclesiastés 10:18

Mi Respuesta

Semana 8

Desafío Semana 8 (Lo encontrarás en el artículo de los lunes):

Enfoque de oración para esta semana: Pasa un tiempo dando gracias a Dios por cómo está obrando en tu vida.

Oración	Gratitud
Lunes	
Martes	
Miércoles	
Jueves	
Viernes	

El fin de todo el discurso oído es este: Teme a Dios, y guarda sus mandamientos; porque esto es el todo del hombre.

Eclesiastés 12:13 (RV60)

LUNES
ECLESIASTÉS 11:1-4 (RV60)

[1] Echa tu pan sobre las aguas; porque después de muchos días lo hallarás.

[2] Reparte a siete, y aun a ocho; porque no sabes el mal que vendrá sobre la tierra.

[3] Si las nubes fueren llenas de agua, sobre la tierra la derramarán; y si el árbol cayere al sur, o al norte, en el lugar que el árbol cayere, allí quedará.

[4] El que al viento observa, no sembrará; y el que mira a las nubes, no segará.

MARTES
ECLESIASTÉS 11:5-10 (RV60)

[5] Como tú no sabes cuál es el camino del viento, o cómo crecen los huesos en el vientre de la mujer encinta, así ignoras la obra de Dios, el cual hace todas las cosas.

[6] Por la mañana siembra tu semilla, y a la tarde no dejes reposar tu mano; porque no sabes cuál es lo mejor, si esto o aquello, o si lo uno y lo otro es igualmente bueno.

[7] Suave ciertamente es la luz, y agradable a los ojos ver el sol;

[8] pero aunque un hombre viva muchos años, y en todos ellos tenga gozo, acuérdese sin embargo que los días de las tinieblas serán muchos. Todo cuanto viene es vanidad.

[9] Alégrate, joven, en tu juventud, y tome placer tu corazón en los días de tu adolescencia; y anda en los caminos de tu corazón y en la vista de tus ojos; pero sabe, que sobre todas estas cosas te juzgará Dios.

[10] Quita, pues, de tu corazón el enojo, y aparta de tu carne el mal; porque la adolescencia y la juventud son vanidad.

MIÉRCOLES
ECLESIASTÉS 12:1-8 (RV60)

[1] Acuérdate de tu Creador en los días de tu juventud, antes que vengan los días malos, y lleguen los años de los cuales digas: No tengo en ellos contentamiento;

[2] antes que se oscurezca el sol, y la luz, y la luna y las estrellas, y vuelvan las nubes tras la lluvia;

[3] cuando temblarán los guardas de la casa, y se encorvarán los hombres fuertes, y cesarán las muelas porque han disminuido, y se oscurecerán los que miran por las ventanas;

[4] y las puertas de afuera se cerrarán, por lo bajo del ruido de la muela; cuando se levantará a la voz del ave, y todas las hijas del canto serán abatidas;

[5] cuando también temerán de lo que es alto, y habrá terrores en el camino; y florecerá el almendro,

y la langosta será una carga, y se perderá el apetito; porque el hombre va a su morada eterna, y los endechadores andarán alrededor por las calles;

⁶ antes que la cadena de plata se quiebre, y se rompa el cuenco de oro, y el cántaro se quiebre junto a la fuente, y la rueda sea rota sobre el pozo;

⁷ y el polvo vuelva a la tierra, como era, y el espíritu vuelva a Dios que lo dio.

⁸ Vanidad de vanidades, dijo el Predicador, todo es vanidad.

JUEVES   *ECLESIASTÉS 12:9-12 (RV60)*

⁹ Y cuanto más sabio fue el Predicador, tanto más enseñó sabiduría al pueblo; e hizo escuchar, e hizo escudriñar, y compuso muchos proverbios.

¹⁰ Procuró el Predicador hallar palabras agradables, y escribir rectamente palabras de verdad.

¹¹ Las palabras de los sabios son como aguijones; y como clavos hincados son las de los maestros de las congregaciones, dadas por un Pastor.

¹² Ahora, hijo mío, a más de esto, sé amonestado. No hay fin de hacer muchos libros; y el mucho estudio es fatiga de la carne.

VIERNES   *ECLESIASTÉS 12:13-14 (RV60)*

¹³ El fin de todo el discurso oído es este: Teme a Dios, y guarda sus mandamientos; porque esto es el todo del hombre.

¹⁴ Porque Dios traerá toda obra a juicio, juntamente con toda cosa encubierta, sea buena o sea mala.

Lunes

Lectura: Eclesiastés 11:1-4
Devocional: Eclesiastés 11:4

Pasaje - Escribe el pasaje del día

Observaciones - Escribe 1 ó 2 observaciones sobre el pasaje.

Aplicaciones - Escribe 1 ó 2 aplicaciones del pasaje.

Oración - Ora sobre lo que has aprendido con el pasaje de hoy.

Lectura: Eclesiastés 11:5-10
Devocional: Eclesiastés 11:8

Pasaje - Escribe el pasaje del día

Observaciones - Escribe 1 ó 2 observaciones sobre el pasaje.

Martes

Aplicaciones - Escribe 1 ó 2 aplicaciones del pasaje.

Oración - Ora sobre lo que has aprendido con el pasaje de hoy.

Miércoles

Lectura: Eclesiastés 12:1-8
Devocional: Eclesiastés 12:1-2

Pasaje - Escribe el pasaje del día

Observaciones - Escribe 1 ó 2 observaciones sobre el pasaje.

Miércoles

Aplicaciones - Escribe 1 ó 2 aplicaciones del pasaje.

Oración - Ora sobre lo que has aprendido con el pasaje de hoy.

Jueves

Lectura: Eclesiastés 12:9-12
Devocional: Eclesiastés 12:11

Pasaje - Escribe el pasaje del día

Observaciones - Escribe 1 ó 2 observaciones sobre el pasaje.

Jueves

Aplicaciones - Escribe 1 ó 2 aplicaciones del pasaje.

Oración - Ora sobre lo que has aprendido con el pasaje de hoy.

Viernes

Lectura: Eclesiastés 12:13-14
Devocional: Eclesiastés 12:13-14

Pasaje - Escribe el pasaje del día

Observaciones - Escribe 1 ó 2 observaciones sobre el pasaje.

Viernes

Aplicaciones - Escribe 1 ó 2 aplicaciones del pasaje.

Oración - Ora sobre lo que has aprendido con el pasaje de hoy.

1. La vida es impredecible de acuerdo a Eclesiastés capítulo 11, así que, ¿cuál es la manera en la que debemos vivir?

2. ¿Por qué Salomón enfatiza el hecho de que debemos tener en cuenta a Dios en nuestra juventud? (Eclesiastés 12:1)

3. Tomando en consideración el libro completo de Eclesiastés, ¿por qué Salomón dice que la vida es insignificante?

4. ¿Qué hace que la vida tenga significado?

5. ¿Cuál debería ser nuestra prioridad?

Made in the USA
Las Vegas, NV
05 March 2024

86724482R00079